MÉMOIRE
SUR
LES AQUEDUCS DE PARIS,
COMPARÉS A CEUX DE L'ANCIENNE ROME.

Par M. BONAMY.

CE n'est pas seulement par l'étendue de leurs conquêtes que les Romains se sont rendus recommandables, leur grandeur a aussi éclaté dans la magnificence & dans la solidité des ouvrages utiles au public qu'ils ont fait construire. Ils ne se borneront point à les prodiguer en quelque façon à la capitale de leur empire, ils en décorèrent encore les provinces, & sur-tout les villes qui devoient être la demeure des Gouverneurs ou le séjour des Empereurs. On doit mettre au nombre de ces ouvrages, dont les restes étonnent encore aujourd'hui, ceux qui servoient à transporter les eaux des sources éloignées dans les lieux qui en avoient besoin; & c'est avec raison que Pline admire ces travaux immenses que les Empereurs firent faire pour la construction des aqueducs. « Si l'on fait attention, dit-il, à la grande quantité d'eau qu'ils amènent à Rome, & en combien de lieux elle se disperse pour les bains, pour les viviers, les réservoirs, les jardins & les maisons particulières de la ville & de la campagne, & que d'ailleurs on considère la longueur du chemin que parcourt cette eau, le grand nombre d'arcades qu'il a fallu construire pour la conduire, les montagnes qu'on a été obligé de percer pour donner passage aux canaux, on sera contraint d'avouer qu'il n'y eut jamais d'entreprise plus grande ni plus admirable dans toute la terre. »

26 Juillet 1754.

Lib xxxvi, c 15.

Le fameux pont du Gard en Languedoc, & les restes de l'aqueduc d'Arcueil, sans parler des autres monumens de cette espèce, que l'on trouve en France, sont des preuves subsistantes que les Romains introduisirent l'usage des aqueducs dans les Gaules *(a)*.

De tous les peuples de ces vastes contrées, il n'y en avoit point qui fussent plus à portée que les Parisiens d'avoir de l'eau commodément, & sans avoir recours à des sources éloignées. Les maisons qui formoient la ville de Paris, étoient renfermées dans la cité, ou bâties au-delà des deux bras de la Seine & sur ses bords, de sorte que ses habitans en étant si proche pour puiser de l'eau, ne pensèrent point à en faire venir de plus loin pour leur usage. Mais lorsque les gouverneurs Romains ou les Empereurs qui demeurèrent dans les Gaules, eurent fait bâtir un palais au midi de la cité, sur le terrain qu'occupent le collége de Sorbonne & l'hôtel de Clugny, le fréquent usage qu'ils faisoient des bains, & la quantité d'eau qui étoit nécessaire pour leur nombreuse suite, leur fit songer à construire des aqueducs pour amener de l'eau dans ce palais. Ainsi, c'est aux Romains que les habitans de Paris sont redevables du premier aqueduc qui ait amené dans leur ville de l'eau des sources éloignées. Cet ancien aqueduc ayant été détruit, les agrandissemens successifs de Paris obligèrent d'en construire d'autres; & ceux-ci ne suffisant pas encore, on travailla à reconstruire l'aqueduc d'Arcueil, abandonné pendant huit cents ans, & enfin à élever des eaux de la rivière par le moyen des pompes, afin que le Louvre & les autres maisons royales, les hôtels, les fontaines publiques d'une ville si

---

(a) Si les anciens Gaulois ne nous ont pas laissé de pareils ouvrages, c'est que se contentant du simple nécessaire, & ne connoissant pas les arts qui contribuèrent, chez les Grecs & les Romains, à la magnificence & à la décoration des villes, ils crurent que le grand nombre de fleuves & de ruisseaux dont les provinces des Gaules sont presque par-tout arrosées, la multiplicité des sources qui se rencontrent en tous lieux, & qui remplissent les fontaines & les puits, & la bonté de toutes ces eaux les dispensoient d'en faire venir de plus loin. Les Romains pensèrent long-temps de même, puisque ce ne fut que quatre cents ans après la fondation de la ville qu'ils construisirent leur premier aqueduc; ils se contentoient auparavant de l'eau du Tibre, de celle de puits & de fontaines : *Anno ab urbe conditâ per annos CCCCXLI contenti fuerunt Romani usu aquarum quas aut ex Tiberi, aut ex puteis, aut ex fontibus hauriebant.* Frontin. de aquæduct. lib. I, p. 1.

peuplée, & les maisons des quartiers les plus éloignés de la rivière en fussent abondamment pourvus : ce sont les travaux que le Roi & les Magistrats municipaux firent faire pour procurer ces avantages aux citoyens de Paris, qui font l'objet de ce Mémoire historique : mais il ne faut pas s'attendre à voir chez nous cette magnificence Romaine que Pline relève à si juste titre.

Les eaux dont se servent aujourd'hui les habitans de la ville de Paris, sont celles de la rivière, élevées par les pompes du pont Notre-Dame, celles du Pré-Saint-Gervais & de Rungis, & dans quelques quartiers celles des puits, à cause de l'éloignement de la rivière & des fontaines. Je ne mets pas au nombre de ces eaux celles qui viennent à Paris par l'aqueduc de Belleville, parce qu'on les a retranchées depuis quelques années pour les faire couler dans le grand égout que le Corps municipal de la ville de Paris a fait construire.

Si la partie méridionale de Paris, qu'on appelle l'*Université*, n'a eu aucune fontaine publique, au moins depuis la fin de la seconde race de nos Rois jusqu'à l'an 1624, pendant qu'on en comptoit jusqu'à vingt dans la partie qu'on appelle *la Ville*, elle peut aussi se glorifier d'avoir été la première fournie des eaux que les Romains y conduisirent par le moyen de l'aqueduc d'Arcueil, soit de Rungis, soit de Louan, de Paret & des environs, jusqu'au palais des Thermes.

L'opinion commune est que ce fut l'empereur Julien qui fit construire ce palais, aussi-bien que l'aqueduc d'Arcueil. Mais j'ai fait voir dans un autre Mémoire, par les autorités d'Ammien Marcellin & de Zosime, que ce palais étoit antérieur au règne de ce Prince, puisqu'en arrivant à Paris, Julien alla loger dans une maison qu'Ammien appelle *Palatium*, *Regia*, & Zosime βασιλεία. Je crois donc qu'on doit plutôt attribuer la construction du palais des Thermes & de son aqueduc, à quelques Empereurs qui fixèrent leur demeure dans les Gaules, comme Posthume ou Tetricus, que le séjour de Paris mettoit à portée de veiller à tout ce qui se passoit dans les Gaules, & sur-tout dans les provinces Belgiques, qui étoient infeſtées par les incurſions des Germains. Quoi qu'il en ſoit, on ne peut attribuer qu'à la demeure des Empereurs ou des gouverneurs Romains au palais des Thermes, l'aqueduc qui y conduiſoit l'eau. Une pareille entrepriſe ne pouvoit venir que de la puiſſance ſouveraine, & elle ſuppoſe en même temps que les gouverneurs des Gaules ou les Empereurs y ont fait leur réſidence: car il n'eſt pas croyable qu'ils euſſent fait de tels ouvrages pour les ſeuls habitans de Paris, qui n'en avoient pas beſoin.

Le nom de palais des Thermes, *palatium Thermarum*, prouve qu'il y avoit des bains, dont les eaux étoient fournies par l'aqueduc d'Arcueil: ç'a été dans tous les temps à Paris une tradition conſtante; & lorſqu'en 1544, ſous le règne de François I.ᵉʳ l'on fit des remparts & des baſtions pour mettre la ville en état de défenſe du côté de la porte S.ᵗ Jacques, dans la crainte où l'on étoit que l'empereur Charles-Quint ne pouſsât ſes conquêtes juſqu'à Paris, on y trouva, à ce que rapporte Corrozet, qui vivoit alors, des canaux de pierre de taille, continués depuis le village d'Arcueil. On a en effet découvert cet ancien canal en pluſieurs endroits, tant au-deſſus d'Arcueil que du côté de Paris. Vers l'an 1626, dans le temps que l'aqueduc moderne étoit achevé, le marquis d'Effiat obtint du roi Louis XIII un brevet, par lequel Sa Majeſté lui faiſoit don & à ſes héritiers, de l'eau qu'il pouvoit retirer de l'aqueduc de Julien, qui, de temps immémorial, conduiſoit les eaux de la plaine de Louan, de Wiſſous & de Chilly à Paris; & que ce Seigneur déclara n'avoir découvert, dans l'étendue de ſon marquiſat de Chilly, que depuis la conſtruction de l'aqueduc moderne.

Corrozet, Antiquit. de Paris, fol. 5, verſo.

Ces anciens canaux découverts par le marquis d'Effiat, démontrent que les eaux du palais des Thermes y venoient de plus loin que de Rungis; mais elles ſe réuniſſoient toutes à l'aqueduc d'Arcueil. Celui des Romains, dont le canal étoit découvert en pluſieurs endroits, ſuivoit la pente des terres ſur leſquelles il étoit appliqué, ainſi qu'il paroît par ce qui en reſte.

M. Geoffroy, de l'Académie des Sciences, étant Échevin en 1732, découvrit sur les indications que lui en avoit données M. Buache, un reste de ce canal vers le haut d'un côteau qui est au-dessus d'Arcueil, d'où l'on voit le château de Cachant. C'est une rigole formée de trois plains-droits, l'inférieur horizontal, & les deux autres verticaux : cette rigole a treize pouces de large & dix-neuf de profondeur ; l'épaisseur de ses côtés est de quatorze pouces ou environ, & celle de son fond est de douze à treize pouces ; elle est construite d'un massif composé de chaux, de pierres à fusil & de cailloux de vigne, & enduite d'un ciment fin & encore assez blanc, qui s'étend depuis le fond jusque par-dessus ses bords arrondis ; ce qui, selon M. Geoffroy, prouve qu'en cet endroit elle n'étoit pas couverte de dalles de pierre, & que par conséquent l'eau y couloit à découvert. M. Geoffroy trouva sur le fond de cette rigole un ancien sédiment pierreux qui n'avoit que trois ou quatre lignes d'épaisseur, & qui étoit formé de six ou sept couches minces & très-compactes. Après avoir bien fait nettoyer cette ancienne rigole de toute la terre dont elle étoit remplie, il reconnut par une différence de couleurs très-sensible dans les côtés verticaux, que l'eau y montoit autrefois à la hauteur de près de dix pouces ; par conséquent cette rigole pouvoit conduire près de cent trente pouces d'eau au palais des Thermes, & l'on verra dans la suite de ce Mémoire que l'aqueduc moderne en a fourni quelquefois à peu près la même quantité. La direction de ce canal le fait passer par-dessous le mur d'un jardin voisin pour le conduire aux arcades de l'ancien aqueduc d'Arcueil, dont il reste encore des vestiges considérables. On les voit dans la cour d'une maison à laquelle ils servent de clôture ; ils peuvent avoir environ cinquante pieds de haut, & l'édifice, qui est auprès de l'aqueduc moderne, est construit & lié des mêmes matériaux que le palais des Thermes dont je vais parler. Le canal qui conduisoit les eaux par-dessus cet ancien aqueduc, existe encore en certains endroits ; il est à découvert, & il paroît qu'il étoit appliqué sur un lit de carreaux de terre cuite, de même modèle que ceux de la masse du mur, au milieu duquel on voit encore une arcade cintrée de trois cintres. La largeur de cette arcade fait soupçonner qu'il y en avoit une autre au-dessous, comme au pont du Gard; car au-dessus du mur où elle est, il y a une retraite qui fait connoître que celui d'en bas étoit plus épais: mais dans l'endroit où l'on pourroit voir cette arcade inférieure, on a appliqué un bâtiment moderne qui la cache.

Les anciens propriétaires de la maison dont je viens de parler, auroient bien voulu détruire ces restes antiques; mais ne le pouvant faire par mains d'ouvriers, ils demandèrent la permission de les faire sauter, en les minant; les Ingénieurs qu'on y envoya, ayant reconnu que l'effort de la mine pouvoit ébranler l'aqueduc moderne, qui n'en est qu'à environ trois ou quatre toises, le Roi refusa la permission que demandoient ces propriétaires. Cette maison au reste est connue depuis long-temps sous le nom de *Fief des Arcs*, qui avec celui d'Anjou, qui en est proche, a appartenu à la maison d'Anjou. René d'Anjou, roi de Sicile, comte de Provence, & duc de Bar & de Lorraine, les donna en 1439 à son frère Charles d'Anjou; depuis, ces fiefs ont passé à différens particuliers. Ces dénominations d'*Arcs* & d'*Arcueil*, données au fief & au village, ne peuvent venir que des arcades de l'aqueduc des Romains.

L'eau, en sortant de l'ancien aqueduc, passoit au côteau opposé du village d'Arcueil, où l'on trouve un reste de rigole sous l'encoignure d'une muraille qui est à main gauche dans le chemin par lequel on sort du village pour aller gagner la grande route d'Orléans, & il y a encore de semblables vestiges de rigole à quelque distance du petit Gentilly. Ces anciennes rigoles, comme je l'ai déjà dit, suivoient la pente des terres jusqu'à ce qu'en rencontrant des endroits élevés qui les auroient contraintes de faire de trop grands détours, on avoit été obligé de les faire passer à travers des côteaux, tels qu'étoient les hauteurs du fauxbourg S.t Jacques, où l'on retrouva en 1544 les canaux de pierre de taille dont parle Corrozet, & dont l'auteur du Mercure françois nous apprend qu'on voyoit en

Tome III, page 297.

1615 la continuation dans plufieurs caves du quartier de l'Univerfité.

Il eft donc hors de doute que l'ancien aqueduc & les canaux dont on vient de parler, avoient été entrepris pour profiter des mêmes eaux qui viennent à préfent de Rungis à Paris pour la commodité du public, par le moyen de l'aqueduc moderne, conftruit pendant les premières années du règne de Louis XIII; & il y a tout lieu de croire que les habitans de Paris, qui avoient des maifons fur la montagne de fainte Geneviève & dans toute cette partie élevée de la ville, profitoient, du temps des Romains, de ces eaux; car cette grande quantité de pouces d'eau que M. Geoffroy conjecture avoir coulé dans les rigoles dont j'ai parlé, devoit être plus que fuffifante pour l'ufage du palais des Thermes. Quant à ce palais, on en voyoit des reftes à l'hôtel de Clugny, rue des Mathurins, qui ont été détruits en 1737; mais ceux qui fubfiftent à la rue de la Harpe, fuffifent pour nous en donner une idée: c'eft une efpèce de falle affez fpacieufe, dont la voûte hardie & exhauffée peut avoir quarante pieds de haut; les fouterrains, qui font fous ce qui nous refte en fuperficie de ce palais, font bâtis des mêmes matériaux.

Ces fouterrains, qui font affez bien confervés, font traverfés à angles droits par une rigole à deux banquettes, couverte d'un enduit de ciment, & d'une conftruction femblable à celle des autres reftes de rigole des environs d'Arcueil; cette rigole avoit fa décharge dans la rivière, vers l'endroit où l'on a bâti le petit Châtelet, & M. Beaufire le père, Architecte de la Ville, m'a affuré qu'on avoit découvert dans une cave d'une maifon de la rue du Foin, des veftiges de cet ancien aqueduc. On voit encore en deux endroits, des murs, & près de la voûte de ce fouterrain, des reftes de tuyaux de terre quarrés, qui fervoient apparemment à la décharge de l'eau des cuves où l'on fe baignoit dans la falle d'au-deffus. Tel eft l'état préfent de ces reftes du palais des Thermes, dont je dois réferver un plus long détail aux lumières & à la fagacité de M. le comte de Caylus, qui fe prépare à faire graver tout ce qu'on pourra découvrir de ses vestiges, & à en donner l'explication. On n'en peut attribuer la ruine, ainsi que la destruction de l'aqueduc d'Arcueil, qu'aux ravages des Normans, qui brûlèrent & détruisirent tous les bâtimens qui étoient hors de la cité; ce sont ces barbares qui ont fait disparoître quantité de monumens de l'ancienne splendeur de Paris, qui nous auroient donné de notre capitale une idée toute différente de celle qu'on en a communément, parce que les historiens modernes n'ont pas fait assez d'attention aux expressions que nos anciens auteurs ont employées, lorsqu'ils ont parlé de l'état où elle étoit avant les courses des Normans; telles sont celles de *regina gentium, sedes regia, urbs populosa, constipata populis, referta commerciis,* & d'autres semblables qui ne désignent point une ville dont tous les bâtimens auroient été renfermés dans la seule cité; mais je renvoie à un autre Mémoire où j'ai discuté ce qui regarde la célébrité de Paris avant les ravages des Normans, & je me contente de répéter ce que disoit Adrevald, témoin oculaire de ces désastres, lorsqu'après avoir parlé d'un grand nombre de villes qui avoient éprouvé les effets de la fureur des Normans, il ajoute: « Que dirai-je de Paris, cette ville « capitale, autrefois si célèbre par sa gloire, ses richesses & la « fertilité de son terroir, dont les habitans vivoient dans une « parfaite sécurité, & que je pourrois à juste titre appeler le « trésor des Rois & le lieu où se rendoient toutes les nations? « n'est-elle pas maintenant un monceau de cendres plutôt qu'une ville fameuse: » *num magis ambustos cineres, quàm urbem nobilem potis est cernere!*

Ces ravages ont fait disparoître totalement l'aqueduc d'Arcueil, dont aucun titre & aucun historien n'a parlé depuis, tandis qu'ils ont toujours fait mention du palais des Thermes. Ces changemens au reste, qui font changer de face aux lieux les plus célèbres, ne sont pas rares; & sans avoir recours à ces villes fameuses qu'on recherche au milieu de leurs ruines, peu de personnes seroient aujourd'hui en état de désigner l'étendue précise du sol de Paris qu'occupoient, il y a deux cents ans, les hôtels de S.t Paul & des Tournelles. Si les historiens

nous

nous avoient laissé quelques détails sur la grandeur & l'étendue de l'ancien Paris, nous serions plus en état de rendre raison des découvertes que l'on y a faites de temps en temps, & qui constatent l'existence d'anciens bâtimens qui en faisoient partie, au-delà des limites étroites dans lesquelles la plupart de nos historiens renferment son enceinte sous les règnes de Charlemagne & de Louis le Débonnaire. Il falloit bien qu'il y eût des bâtimens considérables du côté des rues St Denys & St Martin, même dès le temps des Romains ; car on ne voit point pourquoi ces conquérans auroient fait venir de Chaillot des eaux ; M. Buache en a découvert, en 1734, l'aqueduc dans les champs Élisées, & M. le comte de Caylus en a fait graver le dessein. La bâtisse est entièrement Romaine, & elle suppose qu'il y avoit du côté du Louvre des bâtimens & des habitans, pour l'usage de qui on faisoit venir cette eau. Au reste, quoique j'attribue cet ouvrage aux Romains, je ne doute pas qu'il ne soit postérieur au règne de l'empereur Julien. La destruction de ce second aqueduc Romain doit encore être attribuée aux Normans qui étoient campés sur le terrein de St Germain-l'Auxerrois, pendant le siége qu'ils vinrent mettre devant Paris pour la quatrième fois ; un séjour de six mois qu'ils y firent, leur donna tout le temps de détruire les bâtimens qui étoient dans les environs.

Après que le calme fut rétabli dans le royaume, par la cession qu'on fit aux Normans du pays auquel ils ont donné leur nom, il ne paroît pas que nos Rois de la troisième race aient pensé à reconstruire les deux aqueducs Romains ; quoique le palais des Thermes subsistât encore au moins en partie, puisque Philippe Auguste le donna à l'un de ses Chambellans en 1218, ses prédécesseurs aimèrent mieux demeurer dans le palais de la Cité ; & lorsque le Louvre fut construit, & qu'il fut aussi le séjour de nos Rois, ce ne fut ni de Rungis ni de Chaillot qu'on y fit venir des eaux de source ; on les alla chercher du côté du Pré-Saint-Gervais & des hauteurs de Belleville. Ces deux aqueducs sont certainement d'une construction moderne, & ne sont point un ouvrage des Romains ;

Tome XXX. . A aaaa

comme ces sources n'étoient pas éloignées de Paris, & ne demandoient par conséquent pas une grande dépense, on songea à en faire venir de l'eau, lorsque la ville s'agrandit du côté du nord, mais nous n'en savons pas la date précise; ce n'est que par les fontaines qui en tiroient leurs eaux que nous pouvons présumer à peu près le temps de leur construction.

Les eaux du Pré-Saint-Gervais viennent des hauteurs de Romainville, des Bruyères & du Ménil-montant par des pierrées & des tuyaux de grès qui aboutissent à différens regards d'une construction élégante & moderne; c'est de ces regards qu'elles viennent se rendre à un regard commun qui est dans une place du village du Pré-Saint-Gervais, d'où elles sont conduites à Paris par des tuyaux de plomb. Il n'y a aucunes voûtes souterraines qui communiquent à tous ces regards, & dans lesquelles on puisse marcher comme dans les aqueducs de Rungis & de Belleville. Nous ne savons pas, comme je l'ai dit, dans quel temps précisément on travailla à faire venir ces eaux à Paris; mais il est certain que l'aqueduc du Pré-Saint-Gervais existoit sous le règne de St Louis, puisqu'il fournissoit des eaux à la fontaine St Lazare, d'où St Louis permit en 1265 aux Religieuses des Filles-Dieu, qui demeuroient hors l'enceinte de Philippe Auguste, de faire venir dans leur monastère l'eau dont elles avoient besoin. La fontaine des Innocens subsistoit aussi en 1274, comme il paroît par un accord fait entre le roi Philippe le Hardi & le chapitre de St Merry, où il est dit qu'elle étoit située vis-à-vis la rue Aubry ou Aubert-le-Boucher, c'est-à-dire, dans le même emplacement qu'elle occupe aujourd'hui. Ce sont-là les deux plus anciennes fontaines dont il soit fait mention; ce n'est pas à dire pour cela que plusieurs autres, qui tiroient également leurs eaux du Pré-Saint-Gervais, n'aient existé dès-lors, comme celle des Halles; mais je n'entrerai pas dans le détail de ces différentes fontaines, il suffit de remarquer que ce furent les eaux qui venoient de la fontaine St Lazare qui fournirent toutes celles qui étoient à l'occident de la rue saint

Martin, le Louvre & les hôtels des Princes & de quelques Seigneurs, fitués dans ces quartiers.

Pour ce qui eſt des fontaines qui furent conſtruites dans la rue S.ᵗ Martin & dans les cantons qui ſont à l'orient de cette rue, elles tirèrent leurs eaux de l'aqueduc de Belleville, dont le temps de la conſtruction ne nous eſt pas plus connu que celui de l'aqueduc du Pré-Saint-Gervais : ils paroiſſent cependant être tous deux du même temps, à en juger par les fontaines qui en dérivoient ; car dès l'an 1244, l'on voit que les religieux de S.ᵗ Martin avoient une fontaine derrière leur monaſtère, où les eaux venoient du bas de la montagne de Belleville. Ce n'étoit peut-être que pour l'uſage particulier de ce Prieuré que cette fontaine avoit été conſtruite, de même que celle du Temple, qui eſt du même temps ; mais il paroît que dès-lors, c'eſt-à-dire ſous le règne de S.ᵗ Louis, la ville de Paris tiroit de l'aqueduc de Belleville des eaux pour l'uſage des habitans qui étoient renfermés dans l'enceinte de Philippe Auguſte, puiſque dans une viſite des maiſons de la cenſive de S.ᵗ Martin, faite en 1320, il y eſt fait mention de la fontaine Maubué, comme étant déjà ancienne. Je ne doute pas que la fontaine de S.ᵗᵉ Avoie, qui étoit ſur le chemin du tuyau qui portoit l'eau à la fontaine Maubué, ne ſoit de la même antiquité que cette dernière ; auſſi eſt-elle marquée parmi les plus anciennes fontaines de Paris.

Quoi qu'il en ſoit du temps précis de la conſtruction de l'aqueduc de Belleville, il a demandé de plus grandes dépenſes que celui du Pré-Saint-Gervais : c'eſt un ſouterrain de cinq cents cinquante-trois toiſes de long, qui commence à un regard appelé le *regard de la lanterne,* ſitué dans le lieu le plus élevé du village de Belleville, & qui vient ſe terminer au bas de la montagne du Ménil-montant, au regard de la priſe des eaux ; cet aqueduc eſt conſtruit de moellons bien choiſis, avec des chaînes de pierre de diſtance en diſtance, & couvert de grandes dalles, & non en voûte ; il eſt plus élevé que l'aqueduc moderne d'Arcueil, ayant ſix pieds de hauteur ſur quatre de large, & l'on y marche d'autant plus aisément que l'évier au milieu duquel l'eau coule, n'est point accompagné de banquettes des deux côtés, comme à l'aqueduc d'Arcueil : c'est dans cette longue voûte souterraine que viennent se rendre les eaux de différens regards qui sont construits dans toute la longueur de l'aqueduc. Il y a dans le premier regard de la lanterne, où il commence, une inscription faite sous le règne de Charles VII, qui nous apprend qu'en 1457 on fit des réparations à cet aqueduc qui tomboit en ruine *(b)*. Depuis 1457 on n'a point fait de réparation à l'aqueduc de Belleville qui me parut en bon état, lorsqu'en 1738 je le parcourus dans toute sa longueur; ces eaux au reste étoient les moins bonnes de celles qu'on buvoit à Paris, étant dures & plâtreuses; aussi les a-t-on retranchées pour les faire aboutir au réservoir construit à la tête du grand égout, où elles coulent lorsqu'on veut le nettoyer.

Les deux aqueducs du Pré-Saint-Gervais & de Belleville, ont été, jusqu'à la reconstruction de l'aqueduc d'Arcueil, en 1624, la seule ressource des habitans de Paris dans la partie nommée *la Ville;* on y comptoit onze fontaines sous le règne de Charles VI, & l'on en ajouta six ou sept autres jusqu'au règne de François Ier; c'est de ces fontaines que l'on avoit, par des tuyaux, conduit de l'eau au Louvre, aux hôtels des Princes, & aux maisons des principaux seigneurs de la Cour. Il est étonnant que ces sources, qui n'ont jamais été fort

---

(b) Matthieu de Nanterre, depuis Président au Parlement sous Louis XI, étoit alors Prevôt des Marchands, & les Échevins étoient Pierre Gallie, Philippe l'Allemant, Michel de la Grange, & Jacques de Haqueville. On ne sera peut-être pas fâché de voir ici cette inscription, quoiqu'elle soit imprimée ailleurs.

Entre les mois, bien me remembre,
De mai & celui de novembre,
Cinquante-sept mil quatre cens,
Qu'estoit lors Prevost des Marchands
De Paris, honorable homme
Maistre Matthieu qui en somme
Estoit surnommé de Nanterre,
Et que Galie maistre Pierre,
Sire Philippe aussi l'Allemant,
Le bien public fort aimant,
Sire Michel, qui en surnom
Avoit d'une granche le nom,
Et sire Jacques de Haqueville,
Le bien desirant de la ville,
Estoient d'icelle Eschevins,
Firent trop plus de quatre-vingts
Et seize toises de cette œuvre
Refaire en brief temps & heure,
Car si briévement on ne l'eust fait,
La Fontaine tarie estoit.

abondantes, aient pu suffire aux besoins du grand nombre d'habitans qui demeuroient dans cette partie de la ville; car, en 1741, ces deux aqueducs ne fournissoient que vingt-huit pouces d'eau, & l'année suivante ils n'en donnèrent que seize: ainsi, quand on supposeroit que dans les siècles précédens ces sources auroient produit trente ou quarante pouces d'eau, il faut avouer que c'est une quantité d'eau bien médiocre pour servir aux besoins d'un peuple si nombreux; aussi voit-on, par les différens règlemens de police de ces temps-là, que les fontaines de Paris étoient souvent sans eau, & que cette disette étoit cause de la désertion des maisons de la ville, dont les habitans alloient chercher ailleurs des demeures. Charles VI se crut obligé de révoquer par une ordonnance de l'an 1392, toutes les concessions qui avoient été faites à un grand nombre de Seigneurs; il ne réserva que le château du Louvre & les hôtels des ducs de Bourgogne, de Berri, d'Orléans & de Bourbon, situés à l'occident de la rue Saint-Denys; car pour ce qui est de l'hôtel Saint-Paul, dont la principale entrée étoit sur le quai des Célestins, & qui fut sous Charles V & Charles VI la demeure de nos Rois, il tiroit ses eaux de cette fontaine située au bas de Belleville, qui appartenoit en propre au prieuré de S.ᵗ Martin-des-champs. La disette des eaux dans les fontaines publiques, qui les tiroient des deux aqueducs, avoit obligé Charles V de s'adresser à ces Religieux pour faire venir de l'eau dans le nouveau palais dont il avoit fait l'acquisition du vivant du Roi Jean son père: cette fontaine s'appeloit *la fontaine de Savies (c)*; c'est

---

(c) Le nom latin de ce lieu, *Saveiæ, Savegiæ*, est ancien, comme l'a fait voir M. l'abbé Lebeuf dans une de ses Dissertations; les ancêtres de nos Rois y avoient des biens, puisque Hugues le Grand, comte de Paris & fils du roi Robert, compétiteur de Charles le Simple, y donna des vignes à l'abbaye de S.ᵗ Magloire, comme on l'apprend d'une lettre du roi Robert, petit-fils de Hugues, *(Clausus* (Martene, Thes. anecdotor. tom. I, p. 108) *etiam vineæ juxta Saveias situs, quem dedit divæ memoriæ Hugo avus noster, æquivocique nostri Roberti filius)*; & d'une autre lettre *(Hist. Eccles. Paris. t. I, p. 549)* des rois Louis d'Outremer & de Lothaire son fils.

Le P. Félibien, & l'éditeur des antiquités de Sauval, se sont trompés au sujet de cette concession; le premier dit que les religieux de S.ᵗ Martin, « pour embellir leur courtille, y

encore le nom que porte une ferme appartenante à S.t Martin-des-champs, & située à la descente de la montagne de Belleville, du côté de Paris. Les religieux de Saint-Martin, de tout temps propriétaires de cette source, en avoient déjà donné une partie aux Templiers, sur le terrain desquels il falloit nécessairement que les tuyaux de S.t Martin passassent pour arriver à leur monastère, & comme cette source étoit abondante, Charles V aima mieux s'adresser au prieur de S.t Martin pour avoir l'eau dont il avoit besoin à l'hôtel de S.t Paul, que d'en tirer de l'aqueduc de Belleville ou de celui du Pré-Saint-Gervais, qui fournissoient à peine trente pouces d'eau. Telle fut la pauvreté de notre capitale jusqu'au règne de Henri IV, c'est-à-dire que la partie nommée *la Ville*, avoit seule des fontaines, & que la Cité & l'Université furent privées des eaux de source depuis la destruction de l'ancien aqueduc d'Arcueil. Ce ne

» firent venir de l'eau de la fon- » taine de Halnet (ou de Huines) » dont ils jouirent jusqu'en 1373; » que Charles de France, fils aîné » du roi Jean, la leur demanda pour » son hôtel de S.t Paul. » Le Père Félibien cite en marge les Mémoires manuscrits de Sauval, & en effet on lit, *à la p. 68 du t. 1.er de ses Antiquités imprimées*, les mêmes mots qu'on trouve dans le P. Félibien, excepté que l'éditeur nomme *la Fontaine des bains*, celle que le P. Félibien appelle *la fontaine de Halnet* ou *Huines*; mais 1.º cet auteur & l'éditeur se sont trompés sur la date de la concession, qui est de l'an 1363, temps auquel Charles V n'étoit encore que Dauphin, & non de l'an 1373, qui est le neuvième de son règne depuis la mort du roi Jean, arrivée en 1364. 2.º Ils ont encore mal lu le nom de cette fontaine, comme on le voit par le titre de la concession que Dom Pernot, Bibliothécaire de S.t Martin, m'a communiqué, & que je rapporterai ici. « A tous ceux qui ces pré-

sentes lettres verront, Frère Jean, humble Prieur de S.t Martin-des-Champs, & tout le Couvent d'iceluy lieu, salut en nostre Seigneur Jésus-Christ. Savoir faisons que comme très-noble & très-puissant Prince, Monsieur Charles, ainsné fils du roi de France, duc de Normandie & Dalphin de Vienne, nous eust requis que nous lui voulsissions octroyer l'yaue de notre fontaine de Savis, qui souloit venir en nostre courtille, pour la faire venir en la maison de S.t Pol. Nous, considérant le grant amour & bonne affection qu'il a à nostre Église, & que ses prédécesseurs ont fondé nostredite Église, avons encliné & enclinons, octroyé & octroyons par ces présentes audict Seigneur notredite fontaine, à la prendre aux premiers thuyaux de nostre maison de Savis. Et en témoin des choses dessusdites, nous avons mis nos seaux à ces présentes lettres, le 17.e jour d'avril, l'an de grace mil ccc lxiij. »

fut qu'en 1606 qu'on vit, pour la première fois, une fontaine dans la Cité ; c'est celle qui fut construite à la place de la fameuse pyramide élevée sur l'emplacement de la maison de Jean Châtel : François Miron, alors Prevôt des Marchands, en avoit obtenu d'Henri IV la démolition ; & c'est à l'occasion de ce changement que l'on fit alors ces vers :

> *Híc ubi restabant sacri monumenta furoris,*
> *Eluit infandum Mironis unda scelus.*

Cette nouvelle fontaine fut encore fournie des eaux du Pré-Saint-Gervais, prises à la fontaine des Innocens, dont le tuyau passoit sous le pavé du Pont-au-change.

Dans la même année on imagina, pour la première fois, de se servir des eaux de la rivière par le moyen de la pompe de la Samaritaine, afin d'avoir de l'eau pour les bassins des jardins des Tuileries & du Louvre. Jusqu'alors le Louvre, la seule maison que nos Rois eurent à Paris depuis la mort de Henri II, n'avoit tiré l'eau dont elle avoit besoin, que de la fontaine de la croix du Tirouer : cependant la construction de cette pompe, dont un Flamand, nommé *Jean Lintlaer*, étoit l'inventeur, souffrit quelques difficultés de la part de M. Miron, qui appréhenda qu'elle ne nuisît à la navigation ; c'est ce qu'on apprend d'une lettre de Henri IV à M. de Sully : « mon ami, lui écrivoit ce Prince, sur ce que j'ai entendu que les Prevôt « des Marchands & Échevins de ma bonne ville de Paris, font « quelque résistance à Lintlaer, Flamand, de poser le moulin « servant à son artifice, en la deuxième arche du côté du Louvre, « sur ce qu'ils prétendent que cela empêcheroit la navigation, « je vous prie les envoyer quérir & leur parler de ma part, « leur remontrant en cela ce qui est de mes droits ; car, à ce « que j'entends, ils les veulent usurper, attendu que ledit pont « est fait de mes deniers, & non des leurs ; adieu mon ami. »

M. Miron étant entré dans les vues du Roi, la pompe fut construite & servit aux usages dont j'ai parlé ; une partie de ces eaux fut aussi conduite au palais pour la buvette, & pour l'hôtel du Concierge du palais, qui ne devint la demeure affectée aux Premiers Préfidens qu'en 1617; mais ces nouvelles eaux n'étant que pour le Roi, les habitans de Paris n'en profitèrent point pour leur ufage; tous ceux en particulier qui demeuroient dans l'Univerfité, de même que les habitans des faubourgs S.ᵗ Germain & de S.ᵗ Marceau, n'avoient que de l'eau de puits.

Lorfqu'on découvrit en 1544, au haut de la rue S.ᵗ Jacques, les canaux de l'ancien aqueduc d'Arcueil, Corrozet, qui vivoit alors, remarque qu'il auroit été bien néceffaire de le rétablir, afin que ces eaux puffent arrofer la haute partie de l'Univerfité, *qui en avoit bon meftier*, dit-il, *fi meffieurs les Gouverneurs s'y vouloient employer;* mais les troubles du royaume, qui fuivirent immédiatement le règne de Henri II, ne permirent pas de s'occuper de travaux publics; ce ne fut que lorfque Henri le Grand fut rentré dans fa capitale, & qu'il eut pacifié fon royaume, que M. de Sully, ce grand Miniftre, dont toutes les vues tendoient au bien de l'État & à la véritable grandeur de fon maître, fongea au rétabliffement d'un aqueduc abandonné depuis huit cents ans. Ce fut donc par fes ordres qu'on travailla à faire des fouilles & des tranchées dans la plaine de Longboyau, du côté de Rungis, pour y retrouver les eaux que les Romains avoient conduites au palais des Thermes : mais la mort funefte de Henri IV arrêta l'exécution d'un projet fi utile; peut-être même auroit-il été totalement abandonné, fi l'intérêt particulier de la Reine, Marie de Médicis, ne l'avoit fait reprendre. Cette Princeffe, paffionnée pour la belle architecture, avoit réfolu de bâtir un magnifique palais, & pour cet effet elle avoit acheté l'hôtel du Luxembourg, une ferme appartenante à l'Hôtel-Dieu, & plufieurs autres maifons de divers particuliers, avec leurs clos & jardins; c'eft ce qui compofe aujourd'hui le palais du Luxembourg, dont les fondemens ne furent jetés qu'en 1615, fous la conduite de Jacques de Broffe, célèbre architecte : deux ans auparavant elle avoit déjà fait planter les arbres du jardin qui en forment les allées. Comme cette maifon, éloignée de la rivière, avoit abfolument befoin d'eau, on penfa à continuer les recherches que M. de Sully

Sully avoit fait commencer, & à conftruire le nouvel aqueduc d'Arcueil, l'un des plus beaux monumens du règne de Louis XIII. Ce Prince, accompagné de la Reine fa mère & des Seigneurs & Dames de la Cour, vint à Rungis pofer la première pierre, le 17 juillet 1613. Le travail fut pouffé avec tant d'ardeur pendant les deux premières années, que l'aqueduc fe trouva à moitié conftruit, avec toutes les arcades de pierre de taille fur lefquelles l'eau paffe dans le travers de la prairie d'Arcueil, au milieu de laquelle coule la rivière de Bièvre; mais les années fuivantes l'ouvrage fut interrompu, foit par les troubles qui arrivèrent dans l'État, foit par les difputes des Entrepreneurs; ainfi l'aqueduc ne fut point achevé dans l'efpace de quatre ans, marqué par le traité fait avec Jean Coing, maître Maçon à Paris, qui étoit à la tête des Entrepreneurs. Les Magiftrats de la Ville eurent la direction de cet ouvrage, qui fe faifoit aux dépens du Roi, & qui fut enfin achevé en 1624: les fommes qu'il a coûté, pour la maçonnerie feule, montèrent à près d'un million. Je n'entreprendrai point d'en faire ici une defcription détaillée, je remarquerai feulement qu'il commence à un carré voûté fitué près du village de Rungis, dans lequel viennent fe rendre les eaux; c'eft à l'un des angles de ce carré qu'eft conftruit le premier des vingt-fix regards, qui font dans des diftances inégales fur toute la route de l'aqueduc, dans l'efpace de fix mille fept cents foixante-treize toifes quatre pieds & demi. Le dernier de ces regards eft le château d'eau conftruit à l'extrémité de la rue d'Enfer, près l'Obfervatoire; c'eft-là qu'eft le baffin de réception de toutes les eaux que la rigole de l'aqueduc y amène, & dont la Ville n'a que le quart; les trois autres quarts font pour le Roi, & pour les Communautés & les particuliers à qui il en a bien voulu accorder; ainfi la première recherche de ces eaux n'en ayant produit que cinquante pouces, la Ville n'en eut pour fa part que douze: ces douze pouces cependant fuffirent pour fournir onze nouvelles fontaines, car on n'en conftruifit que ce nombre, quoique la Ville eut réfolu d'en bâtir treize, & fur-tout une dans la place Royale, où la ftatue équeftre de Louis XIII n'étoit pas encore pofée.

Tome XXX. . Bbbbb

Les maisons Royales étant fournies d'eau de Rungis, & de la pompe de la Samaritaine, celle que la Ville donnoit auparavant tourna au profit des fontaines publiques & des maisons particulières, auxquelles le Bureau de la Ville en fit des concessions. Tous les préparatifs qu'il fallut faire pour les conduites & les bâtimens de ces fontaines, demandèrent encore environ quatre années, en sorte que ce ne fut qu'en 1628 que l'eau de Rungis y coula dans toutes. Trente ans après on travailla à faire de nouvelles fouilles dans les environs de Rungis, & ces recherches ne furent pas infructueuses, puisqu'en 1656 l'aqueduc d'Arcueil conduisoit au château d'eau quatre-vingt-quatre pouces d'eau, au lieu de cinquante qu'on avoit trouvés lors de sa construction. La Ville, qui eut de cette augmentation d'eau environ dix pouces, se vit en état d'en faire couler davantage dans les fontaines nouvellement bâties, & d'en faire construire encore deux autres, l'une à la porte St Germain, près les Cordeliers, & l'autre sur le quai des Augustins, à cause de l'infection des eaux de ce bras de la rivière sur lequel est l'Hôtel-Dieu. Quelque considérable que fût l'augmentation des eaux dont la Ville disposoit, eu égard à la modicité de celle des aqueducs du Pré-Saint-Gervais & de Belleville, le prodigieux agrandissement de Paris sous le règne de Louis XIV, fit qu'on se trouva dans la même disette où l'on avoit été auparavant. Depuis le règne de Philippe Auguste jusqu'à celui de Philippe de Valois, l'on n'avoit point pensé à augmenter l'enceinte de cette ville, dont les faubourgs s'étoient extrêmement étendus au nord; & ce fut pour en mettre les maisons à l'abri des insultes pendant la guerre dont on étoit menacé de la part d'Édouard III, roi d'Angleterre, que Philippe de Valois commença à faire creuser pour former une nouvelle enceinte; mais elle ne fut achevée que sous le règne de Charles V. La partie de cette enceinte, depuis l'Arsenal jusqu'à la porte St Denys, étoit à peu près la même que celle qui est terminée par les remparts; mais il s'en falloit bien qu'elle fût aussi peuplée qu'elle l'est aujourd'hui; on y avoit renfermé des courtilles, des jardins & des places vagues très-étendues, qui n'ont été couvertes de maisons que pendant le long règne de Louis XIV. Depuis la porte S.ᵗ Denys, l'enceinte de Charles V tournoit en droite ligne pour aller gagner le terrain où est la place des Victoires, & de-là, après avoir traversé le jardin du palais Royal, elle venoit aboutir à la rivière par la rue S.ᵗ Nicaise; ainsi tout le terrain au-delà, où nous voyons aujourd'hui ces belles & longues rues, si peuplées & ornées de maisons magnifiques, n'étoient qu'une vaste campagne, où il y avoit quelques maisons éparses, des moulins & des terres labourables. La ville de Paris étoit encore dans cet état sous le règne de Henri IV; ce fut sous celui de son successeur que les maisons s'étant extrêmement multipliées sur le terrain situé au-delà de l'enceinte de Charles V, on en traça une nouvelle connue sous le nom de *fossés jaunes*, qui suivoit à peu près l'alignement des remparts depuis la porte S.ᵗ Denys jusqu'à la porte S.ᵗ Honoré : mais ce ne fut que pendant les années 1668 & les deux suivantes qu'on forma l'enceinte que nous voyons aujourd'hui, ornée d'allées d'arbres qu'on commença à planter du côté de la porte S.ᵗ Antoine, & successivement dans toute la continuation jusqu'à la porte S.ᵗ Honoré. M. le Peletier, depuis Ministre & Contrôleur général des Finances, étoit alors Prevôt des Marchands, ayant été élu le 16 août 1668 : comme il occupa cette place pendant huit années, chacune fut marquée par des monumens qui subsistent encore aujourd'hui, & sur lesquels je ne m'étendrai pas, parce qu'ils ne sont pas de mon sujet : je remarquerai que la grande sécheresse qui se fit sentir pendant les trois premières années des Prevôtés de M. le Peletier, & qui réduisit presqu'à sec les fontaines de Paris, obligea de penser à trouver des expédiens pour avoir de l'eau. Depuis la construction de l'aqueduc d'Arcueil, la Ville avoit eu environ quarante pouces d'eau, tant de cet aqueduc que de ceux du Pré-Saint-Gervais & de Belleville; on fit des recherches pour faire revenir les eaux à ce dernier, qui n'en avoit jamais beaucoup fourni, & qui étoit presqu'à sec, au moins pour la Ville; car on découvrit en particulier, dans un des regards de cet aqueduc d'où les Religieuses de la Roquette tiroient leurs

Bbbbb ij

eaux, qu'elles en avoient cent cinquante lignes, tandis que la Ville n'en avoit que trente-six. On retrancha totalement le conduit des Religieuses; on obligea les habitans de Belleville & du Pré-Saint-Gervais de combler les puits, & d'arracher les arbres qui étoient le long des pierrées qui amenoient les eaux *(d)*; mais les recherches qu'on fit à Belleville, non plus que celles qu'on avoit faites dans les environs de Rungis, ne produifirent pas un grand effet, & ne furent point capables de remédier aux incommodités que fouffroient de la difette d'eau, les habitans éloignés des bords de la rivière. On écouta donc, en 1669, les propofitions que firent différens particuliers, & entre autres celles de M. Joly, Ingénieur ordinaire du Roi, qui avoit le foin de la pompe de la Samaritaine: il en fit deux en même temps; la première, de faire trouver cent pouces d'eau dans les regards du Pré-Saint-Gervais, qui n'en avoient pas jufqu'alors produit au-delà de vingt pouces: cette propofition, dont l'exécution demandoit de grandes dépenfes, ne fut pas fi favorablement accueillie que celle qu'il fit en même temps d'élever les eaux de la rivière au pont Notre-Dame, par le moyen de deux machines hydrauliques, dont le jeu fut examiné par des Experts que la Ville nomma; ce projet réuffit, & la pompe que nous voyons aujourd'hui en eft le fruit, & le plus riche fonds de la Ville pour les eaux. Ce fut à la fin de l'année 1672 que ces machines, pofées fur deux moulins dont la Ville fit l'acquifition, eurent tout le fuccès qu'on en pouvoit efpérer; les eaux élevées à la hauteur de foixante pieds, depuis les cuvettes qui les recevoient fur les terraffes de ces moulins, purent, par cet exhauffement, couler dans les nouvelles fontaines les plus élevées des quartiers fitués

---

(d) Il étoit défendu, par les loix Romaines, aux propriétaires des terres par lefquelles paffoient les canaux des aqueducs, de planter des arbres plus près qu'à la diftance de quinze pieds, de crainte que leurs racines n'endommageaffent les canaux. *Scire eos oportet*, dit un refcript du grand Conftantin, *per quorum prædia aquæductus commeat, ut dextrâ lævâque ex ipfis formis quindecim pedibus intermiffis arbores habeant, obfervante officio judicis, ut fi quo tempore pullulaverint, excidantur, ne earum radices fabricam formæ corrumpant.* Codex Juftinian. lib. XI, tit. XLII, §. I.

au nord, ainsi que dans les anciennes, qui jusqu'alors n'en avoient eu que des aqueducs; car les nouvelles eaux des pompes donnèrent lieu à une opération fort utile, & à laquelle on n'avoit point pensé jusqu'alors: ce fut, en travaillant aux nouvelles conduites, de faire en sorte que les eaux des aqueducs & des pompes pussent être menées par les mêmes tuyaux, les unes au défaut des autres, dans les fontaines qui en avoient besoin, lorsqu'on travailloit aux aqueducs dont elles tiroient originairement leurs eaux: cette communication réciproque se fait par le moyen des soupapes & des robinets qu'on a mis à quelques fontaines *(e)*.

L'augmentation de près de soixante pouces d'eau que les pompes du pont Notre-Dame élevoient en 1673, jointe à environ quarante pouces que la Ville tiroit des trois aqueducs, la mit en état de construire quatorze nouvelles fontaines dans les quartiers qui n'en avoient pas encore, & d'augmenter les eaux de celles qui étoient déjà construites, sans parler d'un grand nombre de concessions à différens particuliers. Je n'entrerai pas dans le détail de toutes ces fontaines, je dirai seulement qu'il y en avoit trente-huit en 1676; depuis cette année la machine des pompes ayant été perfectionnée, elle a produit cent cinquante pouces d'eau; la portion des eaux d'Arcueil, qui revient à la Ville, n'a guère passé vingt ou vingt-un pouces; car, excepté l'année 1689, qu'on trouva dans cet aqueduc cent vingt-huit pouces; ce qui revient presque à la quantité d'eau qui y couloit du temps des Romains, il n'a fourni, année commune, qu'environ quatre-vingt-cinq ou quatre-vingt-six pouces, dont la Ville n'a que le quart; l'aqueduc

---

(e) Cette communication réciproque de différentes eaux, absolument nécessaire, n'avoit point échappé à l'attention des Romains, car lorsque les réparations du pont du Tibre interceptoient le transport des eaux dans les fontaines situées de l'un ou de l'autre côté de ce fleuve, on y suppléoit par d'autres eaux: c'étoit pour le même usage que la plupart des réservoirs étoient accompagnés de deux fontaines publiques, où se rendoient des eaux de sources différentes. *Plerique*, dit Frontin, *binos salientes diversarum aquarum acceperunt, ut si casus alterutram impedisset, alterâ sufficiente, non destitueretur usus*. Lib. II, de Aquæductibus, p. 245.

du Pré-Saint-Gervais n'en donne communément que quinze ou feize pouces, & celui de Belleville huit ou neuf; ce qui fait environ deux cents pouces dont la Ville peut actuellement difpofer pour quarante fontaines publiques & pour trente-fix regards difperfés dans tous les quartiers de cette grande ville, d'où les communautés, les colléges, les hôtels & une infinité de maifons particulières tirent leurs eaux. Si je compte deux cents pouces d'eau, quoique j'aie averti au commencement de ce Mémoire que les eaux de Belleville avoient été retranchées pour fervir à nettoyer le nouvel égout, c'eft que ce retranchement ne dure qu'autant de temps qu'il eft néceffaire pour remplir le réfervoir de cet égout, & dans cet intervalle, les fontaines qui recevoient des eaux de Belleville, reçoivent celles de la rivière.

On a fupputé en 1738, que les pompes du pont Notre-Dame, qui font feules l'aifance & la richeffe d'une auffi grande ville que Paris, donnoient environ huit mille muids d'eau par jour; ainfi, en fuppofant que les trois aqueducs en fourniffent, année commune, cinquante pouces, leur produit journalier doit être de deux mille fix cents foixante-fix muids & quelque chofe de plus, par conféquent le total des eaux fluantes chaque jour fera de dix mille fix cents foixante-fix muids pour la Ville; fi l'on ajoute à cette quantité, celle que le Roi retire des eaux d'Arcueil & de la pompe de la Samaritaine, qui peuvent monter à cent pouces, l'on fera en état de comparer la difette de la ville de Paris, lorfqu'elle étoit réduite aux feuls aqueducs du Pré-Saint-Gervais & de Belleville, avec l'abondance dont elle jouit aujourd'hui : mais que cette abondance paroît médiocre, lorfqu'on la compare à cette magnificence Romaine dont parle Pline, & dont on peut voir le détail dans le Traité des aqueducs de Frontin, qui préfidoit à la police des eaux de Rome fous l'empire de Trajan. Ce n'étoient point de foibles ruiffeaux comme les nôtres que les aqueducs amenoient dans la ville de Rome; c'étoient, pour ainfi dire, des fleuves entiers : outre les eaux de fources, on fait qu'on faifoit couler les eaux du fleuve *Anion*, aujourd'hui le Téveron, soit prises vers sa source, soit un peu au-dessus de son embouchure dans le Tibre, selon les différens lieux de la ville où l'on vouloit les faire couler; car il y avoit des fontaines sur le Capitole & sur les autres montagnes qui étoient renfermées dans l'enceinte de Rome. Les détails que nous ont laissé Vitruve, Pline & Frontin sur toutes ces eaux, sur la police qu'on observoit pour leur distribution, sur les travaux immenses qu'il avoit fallu faire pour leurs conduites, tant dans la campagne que dans Rome; ces détails, dis-je, nous surprennent; mais rien ne coûtoit à ce peuple, lorsqu'il s'agissoit de la construction d'ouvrages qui pouvoient contribuer au bien public, & dont la magnificence accompagnoit toujours la solidité. Pour en donner une idée, il suffit de rappeler ce que Pline rapporte des travaux d'Agrippa pour la distribution des eaux dans la ville de Rome pendant une seule année. « Agrippa, dit-il, pendant son édilité, ayant ajouté l'eau vierge à celles qui étoient à Rome, il les fit couler par plusieurs tuyaux dans tous les quartiers; il fit creuser sept cents lacs ou réservoirs, construire cent cinq fontaines & cent trente châteaux ou regards, dont la plupart étoient décorés d'ornemens magnifiques; on y comptoit trois cents statues d'airain ou de marbre, & quatre cents colonnes de marbre: » *eaque omnia*, ajoute Pline, *annuo spatio*. Nos fontaines publiques ne se font point remarquer par cet appareil de magnificence; car, à l'exception de la superbe structure de la fontaine de la rue de Grenelle, construite en 1739, sous la cinquième Prevôté de M. Turgot, & de l'élégance des figures qui accompagnent celle des Innocens, toutes les autres sont d'une simplicité qui les confondroit avec les bâtimens qui les environnent, si le bruit de ceux qui puisent de l'eau n'avertissoit qu'elles existent; on n'a eu égard qu'à leur utilité, & non à leur décoration: mais revenons aux Romains.

Agrippa, qui vouloit que le peuple se ressouvînt de son édilité, lui accorda l'entrée gratuite dans cent soixante-dix bains publics; le nombre de ces bains, du temps de Pline, étoit augmenté à l'infini: *quæ nunc Romæ ad infinitum auxére*

Lib. xxxvi, c. 15.

numerum. Ils avoient leur eau particulière, & ce n'étoit pas celle qui étoit la meilleure à boire; les Romains n'avoient garde de prodiguer celle-ci aux bains, aux naumachies, aux canaux du cirque, aux viviers & aux bassins qui ne servoient qu'à l'embellissement & à la décoration des maisons. Toutes ces pièces d'eau avoient des sources destinées à les remplir. C'est donc avec raison que Pline, après avoir parlé de cette partie de la magnificence des Romains, en conclut qu'on est obligé d'avouer qu'il n'y avoit rien de si admirable dans toute la terre; & que Frontin ne daigne pas seulement comparer les pyramides d'Égypte & tous ces ouvrages inutiles tant vantés par les Grecs, aux bâtimens, aux arcs construits les uns sur les autres, à ces montagnes creusées pour donner passage aux eaux nécessaires aux habitans de la ville de Rome, dont quelques-unes y venoient de quinze ou seize lieues.

Il s'en faut beaucoup, comme je l'ai dit en commençant ce Mémoire, que notre magnificence & nos travaux pour amener des eaux dans Paris, égalent ce que les Romains ont fait; nous les avons imités en petit: mais aussi il faut considérer que l'étendue du sol de Paris & le nombre de ses habitans, ne sont nullement comparables à la grandeur de Rome, & à ce peuple immense qu'elle renfermoit dans son enceinte: de plus, nos mœurs & nos usages sont différens; en amenant dans Paris des eaux de sources, ou en élevant celles de la rivière par le moyen des pompes, on n'a songé qu'à procurer à ses habitans une boisson salubre. S'il y a quelques maisons dont les jardins soient décorés de bassins, elles sont en petit nombre, & ces bassins ne sont remplis que du superflu d'une eau destinée à d'autres usages plus nécessaires. Nous n'avons point de bains publics, qui étoient en si grand nombre à Rome, & qu'on trouvoit dispersés dans tous ses quartiers; nous n'avons point de naumachies, c'est-à-dire de ces réservoirs immenses qu'on remplissoit d'eau lorsqu'on vouloit donner au peuple le spectacle d'un combat naval au milieu de cette ville; du temps de Trajan on comptoit cinq cents quatre-vingt-onze lacs ou viviers auxquels on avoit destiné treize cents trente-cinq pouces

(quinariæ)

(*quinariæ*) d'eau (*a*). Agrippa ayant entrepris de nettoyer les égouts de Rome, fit construire sept canaux qui y conduisoient des volumes d'eau si considérables, que Pline leur donne le nom de fleuves; leur impétuosité & leur rencontre en sens contraire avec les eaux du Tibre qu'on y faisoit entrer quelquefois, formoient des torrens qui entraînoient les immondices & les décombres qui s'y rencontroient, sans que les secousses violentes de ces eaux endommageassent un édifice qui subsistoit depuis huit cents ans. Sa largeur & son exhaussement étoient tels qu'un chariot chargé de foin pouvoit y passer à l'aise, *ut vehem fœni largè onustam transmitteret.*

<small>Frontin., de Aquæduct. l. II, p. 245.</small>

<small>Lib. XXXVI, c. 15.</small>

Si l'on fait maintenant réflexion à tous les différens usages que les Romains faisoient de leurs eaux, on ne sera pas surpris qu'ils aient fait tant de dépenses pour les amener dans leur ville, où elles ne contribuoient pas seulement à leur boisson, mais encore à leurs plaisirs & à la salubrité de l'air; en un mot, ils avoient du superflu, & nous nous sommes bornés au simple nécessaire; je mets au rang de nos nécessités l'écoulement des eaux de Belleville dans le grand égout, dont l'infection éloignoit autrefois de ses bords les habitans qui auroient voulu y construire des maisons : il étoit réservé à M. Turgot d'entreprendre un ouvrage digne des Romains, & qui seul peut immortaliser ses Prevôtés, sans parler des embellissemens dont il a orné la capitale, & que nous admirons aujourd'hui. La magnificence & le bon goût qui ont éclaté dans les fêtes qu'il a données au public, ont reçu les applaudissemens qui leur étoient dûs; mais il étoit trop judicieux pour n'être pas persuadé que c'est par des monumens subsistans & utiles, que le nom des grands hommes passe à la postérité; on doit mettre, sans contredit, au rang de ces monumens la construction du grand égout, dont il a rendu le voisinage praticable. Avant lui ce n'étoit qu'une simple tranchée, creusée dans des marais,

---

(*f*) Je traduis le mot *quinariæ* par pouces: on appeloit ainsi, d'après Vitruve, un tuyau rond formé par une lame de plomb de cinq doigts de largeur: *ab eo quòd plumbea lamina quinque digitorum latitudinem habens circumacta in rotundum, hunc fistulæ modulum efficiat.* Frontin, page 230.

sans aucune maçonnerie, ni pavé au fond, ce qui avoit beaucoup contribué à son encombrement, à lui faire perdre sa pente, & à faire regonfler même les eaux dans Paris, de sorte qu'en 1715 on fut obligé de détourner les égouts de la vieille rue du Temple & de S.t Louis, & de les faire passer dans les fossés de la ville, pour couler dans la rivière au bastion de l'Arsenal, parce qu'ils ne pouvoient plus avoir d'écoulement dans le grand égout. On conçoit aisément les dangereux effets que pouvoient produire ces eaux sales & croupies mêlées avec celles de la Seine, dont le canal devenoit noir dans la moitié de sa largeur, sur-tout dans des temps d'orages; ce furent ces dangers qui firent prendre la résolution, en 1737, de construire un nouvel égout, qui a trois mille cent six toises de longueur, depuis le bout de la rue du Calvaire, près des remparts, jusqu'à la Savonnerie, où il se rend dans la rivière : il est construit en maçonnerie dans toute sa longueur, avec des dalles de pierre en canivaux au fond, & des murs des deux côtés de quatre à cinq pieds de haut, dont les couronnemens servent de banquettes pour marcher le long de l'égout, & pour en faciliter le nettoiement lorsqu'on y fait couler l'eau de l'aqueduc de Belleville, qu'on a retranchée des fontaines de Paris, auxquelles on a substitué de l'eau de rivière, comme je l'ai déjà dit. L'eau de Belleville vient donc maintenant se rendre dans le réservoir qui est à la tête du grand égout, & qui contient vingt-deux mille cent douze muids d'eau; & comme l'eau de Belleville n'auroit pas été suffisante pour fournir la quantité d'eau nécessaire pour laver & rafraîchir l'égout, l'on y a suppléé en creusant un puits qui a douze pieds de diamètre, & dont les sources abondantes produisent dix-sept pieds d'eau de profondeur : c'est de ce puits qu'on tire, par le moyen de six corps de pompes aspirantes & refoulantes, l'eau qui, avec celle de l'aqueduc de Belleville, sert à remplir le réservoir.

On est à présent en état de comparer l'état présent des eaux qui coulent dans les fontaines de Paris, pour l'usage de ses habitans, avec la médiocrité de celles qu'ils avoient autrefois; les Romains furent les premiers à les y amener, par le moyen de

DE LITTÉRATURE.

l'ancien aqueduc d'Arcueil: cet aqueduc fubfifta jufqu'au règne de Charles le Chauve, qu'il fut détruit par les Normands. Depuis ce temps il ne paroît pas que les Parifiens aient eu des eaux de fource jufqu'au règne de Philippe Augufte; car avant lui il n'eft fait aucune mention des eaux du Pré-Saint-Gervais & de Belleville: ces eaux fuffirent, pendant quatre cents ans, pour l'ufage des maifons fituées dans les quartiers appelés la Ville, au nord de la Seine ; & pendant tout ce temps, la Cité & l'Univerfité furent fans fontaines. La première qu'on vit dans la Cité, eft celle qui fut conftruite fur l'emplacement de la maifon de Jean Châtel, en 1606, & toutes celles de l'Univerfité font poftérieures à l'an 1624, année de la conftruction du nouvel aqueduc d'Arcueil; depuis ce temps les eaux de la rivière, élevées par les pompes de la Samaritaine & du pont Notre-Dame, ont encore contribué à l'augmentation des eaux de Paris.

www.ingramcontent.com/pod-product-compliance
Lightning Source LLC
Chambersburg PA
CBHW060617050426
42451CB00012B/2295